Le navire qui a inauguré le Canal de Panama

El barco que estrenó el Canal de Panamá

The Ship that opened the Panama Canal

Pat Alvarado

Illustrations * Ilustraciones * Illustrations
Silvia Fernández-Risco

conte trilingue
français * espagnol * anglais

cuento trilingüe
francés * español * inglés

trilingual story
French * Spanish * English

Copyright © 2006, Patricia Veazey Alvarado
Copyright © Illustrations, Silvia Fernández-Risco
French translation: Lydwine Lafontaine
Spanish style check: Isolda de León
                         Gabriela Rosas
                         Andrea E. Alvarado
Technical terms: Gisela Lammerts van Bueren

First edition, bilingual version: Spanish - English, 2006
Second edition, trilingual version: French - Spanish - English, 2008
                    Approuvé par le Ministère de l'Éducation de Panama
                    Aprobado por el Ministerio de Educación de Panamá
                    Approved by Panama's Ministry of Education

808.0683
Al76   Alvarado, Pat
            Le navire qui a inauguré le Canal de Panama = El barco que
        estrenó el Canal de Panamá = The ship that opened the Panama
        Canal / Pat Alvarado; translation by Lydwine Lafontaine; ilus.
        Silvia Fernández Risco. - Panamá : Editorial Piggy Press, 2008.
        28p. ; 21 cm.

        Original Title in Spanish: El barco que estrenó el Canal de Panamá.

        ISBN 978-9962-629-56-6

        1.   PANAMANIAN CHILDREN'S LITERATURE - STORIES
        2.   CHILDREN'S STORIES   I. Title.

Piggy Press Books
info@piggypress.com
www.piggypress.com

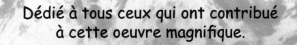

Dédié à tous ceux qui ont contribué
à cette oeuvre magnifique.

Dedicado a todos los que contribuyeron
a esta magnífica obra.

Dedicated to all who contributed
to this magnificent work.

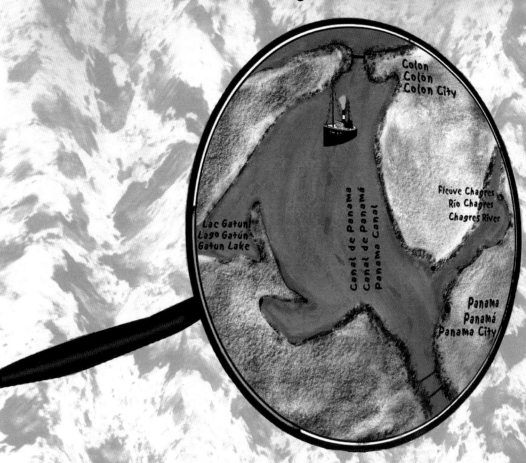

Le 15 août 1914, quatre cent un ans après la percée du Darien par Balboa et ses hommes, le S.S. Ancon traversa l'Isthme de Panama de l'océan Atlantique au Pacifique. Cependant, la jungle épaisse n'entrava pas son voyage car des milliards de litres d'eau lui permirent de naviguer par le Canal de Panama nouvellement ouvert.

Le voyage pris seulement un peu plus de neuf heures et quarante minutes et tout se passa sans encombre. Voici les détails de ce voyage historique.

El 15 de agosto de 1914, cuatrocientos un años desde que Balboa y sus hombres cortaran un pasaje por el Darién, el S.S. Ancón cruzó el Istmo de Panamá del océano Atlántico al Pacífico. La selva densa, sin embargo, no impidió su viaje porque más de mil millones de galones de agua lo harían navegar por el nuevo Canal de Panamá.

El viaje tomó un poco más de nueve horas con cuarenta minutos y todo marchó viento en popa. Aquí están los detalles de ese viaje histórico.

On August 15, 1914, four hundred one years since Balboa and his men cut their way through the Darien, the S.S. Ancon crossed the Isthmus of Panama from the Atlantic to the Pacific Ocean. Dense jungle, however, did not impede her progress because billions of gallons of water would float the Ancon through the newly opened Panama Canal.

The trip took just over nine hours and forty minutes, and she did it without a hitch. Here are the details of that historic voyage.

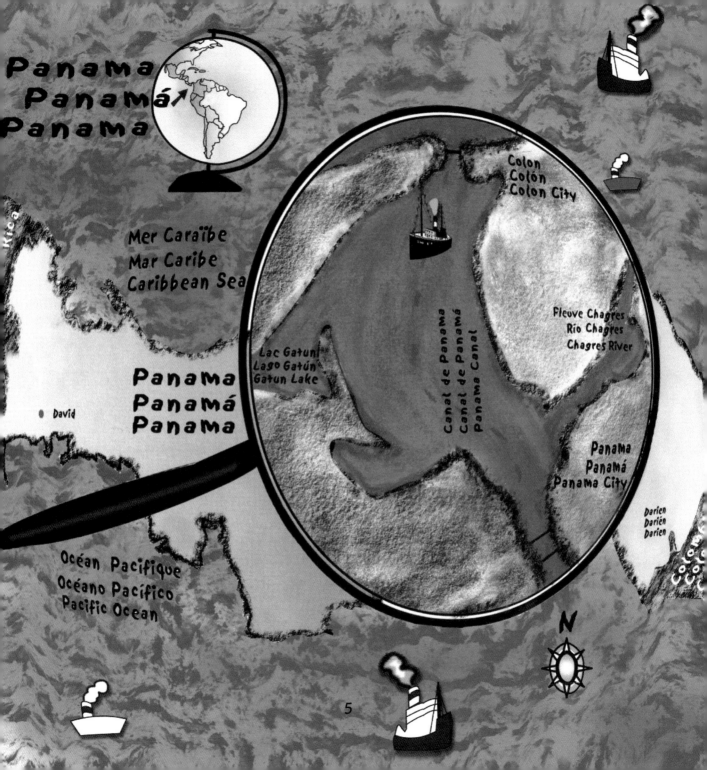

Panama
Panamá
Panama

Kica

Mer Caraïbe
Mar Caribe
Caribbean Sea

Panama
Panamá
Panama

• David

Océan Pacifique
Océano Pacífico
Pacific Ocean

Colon
Colón
Colon City

Fleuve Chagres
Río Chagres
Chagres River

Lac Gatun
Lago Gatún
Gatun Lake

Canal de Panama
Canal de Panamá
Panama Canal

Panama
Panamá
Panama City

Darien
Darién
Darien

Colombie
Colombia

N

5

En ce jour si important, le soleil brillait de tous ses feux sur le pont frotté et lustré du petit bateau à vapeur et les élans de la boue fraîche et des cordes enroulées se mêlaient dans l'air moite. Par chance, il ne pleuvait pas.

Le capitaine fit signe au quartier-maître et le quartier-maître donna le coup de sifflet. Les moteurs se mirent bruyamment en marche pendant que les matelots s'empressaient de larguer les amarres.

Ese día tan importante, el sol brillaba fuertemente sobre la cubierta cepillada y reluciente del pequeño barco de vapor, y el olor de lodo fresco y soga enrollada se mezcló con el aire pegajoso. Por suerte, no llovía.

El capitán señaló al primer oficial, y el primer oficial sonó el silbato. Las máquinas comenzaron ruidosamente mientras los estibadores se apresuraron a soltar las amarras.

On the big day, the sun glared down on the scrubbed and shining deck of the little steamship, and smells of fresh mud and coiled rope mingled in the sticky air. It wasn't raining for a change.

The captain signaled the first mate, and the first mate sounded the whistle. The engines rumbled while stevedores scrambled to untie the moorings.

S.S. Ancon

7

Le S. S. Ancon manoeuvra lentement du Quai 9 du Port de Cristobal et entra dans le canal en faisant " teuf-teuf ".

Il était presque 7h10 du matin quand le petit bateau à vapeur atteignit l'entrée du Canal. Cette fois, il ne portait pas son chargement habituel de ciment et on se souviendrait de ce voyage historique.

El S.S. Ancón maniobró lentamente desde el Muelle 9 en el Puerto de Cristóbal y entró al canal dando resoplidos.

Eran casi las 7:10 de la mañana cuando el pequeño barco de vapor avanzó hacia la entrada del Canal del lado Atlántico. Esta vez no cargaba su carga usual de concreto y sería recordado por este viaje histórico.

Slowly the S.S. Ancon maneuvered from Dock 9 at Cristobal Harbor and chugged into the channel.

It was nearly 7:10 in the morning when the little steamer etched her way toward the Atlantic entrance to the Canal. This time she wasn't carrying her usual cargo of cement, and she would be remembered for this historic voyage.

À 8h00, le Ancon avait manœuvré jusqu'aux écluses de Gatun et des mules électriques l'amarrèrent et le guidèrent à travers les murs latéraux, blancs et massifs.

A las 8:00 a.m., el Ancón maniobró hacia las esclusas de Gatún, y unas mulas eléctricas lo engancharon y lo guiaron entre los macizos y blancos muros laterales.

At 8:00 a.m., the Ancon maneuvered her way into Gatun Locks, and electric mules latched on and guided her through the massive white walls.

Une heure et quinze minutes plus tard, le Ancon entra à toute vapeur dans le lac Gatun à un peu plus de vingt-sept mètres au-dessus du niveau de la mer. Il zigzagua à travers 269 kilomètres carrés de forêts et terres basses inondées bordant la double rangée de phares qui parsemaient le canal.

Il passa l'île Barro Colorado à sa droite, puis Gamboa à sa gauche, laissant derrière lui l'ancien lit du fleuve Chagres.

Una hora y quince minutos después, el Ancón entró a todo vapor al lago Gatún a ochenta y cinco pies sobre el nivel del mar. Zigzagueó a través de 164 millas de bosques y tierras bajas inundadas siguiendo la doble línea de faros que desperdigaba el canal.

Pasó Barro Colorado a su derecha, luego Gamboa a su izquierda, saliendo del cauce viejo del Río Chagres.

An hour and fifteen minutes later, the Ancon steamed into Gatun Lake at eighty-five feet above tide water. She weaved her way across 164 square miles of flooded forests and lowlands following the double guide-posts of lighthouses that dotted the channel.

She passed Barro Colorado on her right, then Gamboa on her left, leaving the old Chagres River channel.

13

À 11h15, le Ancon entra dans la Tranchée Culebra, le passage en forme de serpent qui traverse la ligne de partage des eaux continentales.

Malgré les dangers manifestes de glissements, il avança impassiblement entre les parois rapprochées de la cavité de treize kilomètres et passa l'effondrement de la Cucaracha à 12h20.

A las 11:15 a.m., el Ancón entró al Corte Culebra, el pasaje serpentino que atraviesa la línea divisoria continental.

A pesar de la evidencia de los deslizamientos peligrosos, siguió adelante impertérrito entre los lados cercanos de la excavación de ocho millas, y pasó el Deslizamiento de Cucaracha a las 12:20 p.m.

At 11:15 a.m. the Ancon entered Culebra Cut, the snake-like passage that slices the Continental Divide.

Undaunted by the evidence of treacherous slides, she skirted the close walls of the eight-mile excavation, and passed Cucaracha Slide at 12:20 p.m.

À Pedro Miguel, le second jeu d'écluses, il descendit à dix-sept mètres cinquante au-dessus du niveau de la mer en vingt-trois minutes.

Quand les portes s'ouvrirent, il glissa sur le lac Miraflores et traversa ses trois kilomètres jusqu'aux écluses de Miraflores, le dernier jeu de ce voyage historique.

En Pedro Miguel, el segundo juego de esclusas, bajó a cincuenta y cuatro pies sobre el nivel del mar en veintitrés minutos.

Cuando se abrieron las puertas, se deslizó a través del Lago Miraflores y cruzó las dos millas hacia las esclusas de Miraflores, el último juego en este viaje histórico.

At Pedro Miguel, the second set of locks, she descended to fifty-four feet above tide water in twenty-three minutes.

When the gates opened, she glided into Miraflores Lake and crossed its two miles toward Miraflores Locks, the last set on this historic voyage.

17

Quand le Ancon sortit des sas les plus bas et entre dans le canal, il était 15h20. Les eaux marécageuses de Diablo étaient sur sa gauche. L'air était pesant et ses deux cent passagers saluèrent les spectateurs qui applaudissaient la traversée du S.S. Ancon par le canal.

Cuando el Ancón salió de las cámaras inferiores y entró al canal, eran las 3:20 p.m. Los pantanos de Diablo estaban a su izquierda. El aire era pesado, y sus doscientos pasajeros saludaban a los espectadores que aplaudían la travesía del S.S. Ancón por el Canal.

By the time the Ancon emerged from the lower chambers and entered the sea channel, it was 3:20 p.m. The Diablo swamps were on her left. The air was muggy, and her two hundred passengers waved to the cheering spectators along the route.

S.S. Ancon

19

Quarante minutes plus tard, l'ancien convoyeur de béton s'approcha du port de Balboa.

La colline Ancon surgit imposante sur sa gauche. Il n'y avait pas de pont, seulement un canal grand ouvert parsemé de trois petites îles, chacune construite avec les déblais des travaux d'excavation de la Tranchée Culebra.

Cuarenta minutos después, el excargador de concreto se acercó al puerto de Balboa.

El cerro Ancón surgió imponente a su izquierda. No había puente, solamente un canal abierto salpicado con tres pequeñas islas, cada una con sus faldas hechas de las excavaciones del Corte Culebra.

Forty minutes later the ex-concrete-hauler approached the port of Balboa.

Ancon Hill loomed high on her left. There was no bridge, only a wide-open channel dotted with three small islands, each flanked by the spoils of the excavations from Culebra Cut.

Le S.S. Ancon s'en alla à toute vapeur au-delà des brise-lames, fit demi-tour à huit kilomètres dans la Baie de Panama et rebroussa chemin vers Balboa.

Il était peu après 17h00 lorsqu'elle largua l'ancre et déposa son chargement : le Président du Panama Belisario Porras et son cabinet, des membres du corps diplomatique des États-Unis et les consuls généraux résidents, des officiers de la Dixième Infanterie et du Corps d'Artillerie Côtière des États-Unis ainsi que des employés du Canal de Panama.

El S.S. Ancón entró a todo vapor más allá de los rompeolas, dio vuelta alrededor de cinco millas en la Bahía de Panamá y regresó a Balboa.

Eran un poco más de las 5:00 p.m. cuando echó anclas y depositó su carga: el Presidente de Panamá Belisario Porras y su gabinete, miembros del cuerpo diplomático de los Estados Unidos y los cónsules generales residentes, oficiales de la Décima Infantería y el Cuerpo de Artillería Costal de los Estados Unidos, y oficiales del Canal de Panamá.

The S.S. Ancon steamed her way beyond the break-waters, turned around five miles out into the Bay of Panama and headed back to Balboa.

It was a little after 5:00 p.m. when she dropped anchor and deposited her cargo: Panama's President Belisario Porras and his Cabinet, members of the United States Diplomatic Corps and resident consuls-general, officers of the United States Tenth Infantry and Coast Artillery Corps, and officials of the Panama Canal.

23

Dans le registre du Canal, on peut lire :

Le Ancon, pour son premier voyage par le Canal, transportait une quantité de charge pour entrer à Balboa. Il retournera du côté atlantique dimanche 23 août et naviguera pour son voyage à New York lundi, 24 août.

Et le voici ici : le S.S. Ancon, le convoyeur de béton qui entra avec beaucoup d'enthousiasme et de fierté dans l'histoire en effectuant la première traversée officielle du Canal de Panama.

En el Registro del Canal aparece:

El Ancón en su primer viaje por el Canal transportó una cantidad de carga para entregar en Balboa. Regresará al lado Atlántico el domingo, 23 de agosto, y navegará en su viaje a Nueva York el lunes, 24 de agosto.

Y así fue: el S.S. Ancón, el carguero de concreto, entró exitosamente y con orgullo en la historia con el primer tránsito oficial del Canal de Panamá.

The Canal Record states,

The Ancon on its first trip through the Canal carried a quantity of cargo for delivery at Balboa. It will return to the Atlantic side on Sunday, August 23, and will sail on its voyage to New York on Monday, August 24.

And here you have it: the S.S. Ancon, the concrete hauler, proudly and successfully made history with the first official transit of the Panama Canal.

Océan Pacifique
Océano Pacífico
Pacific Ocean

Lac Miraflores
Lago Miraflores
Lake Miraflores

Écluses de Miraflores
Esclusas de Miraflores
Miraflores Locks

Écluses de Pedro Miguel
Esclusas de Pedro Miguel
Pedro Miguel Locks

Lac Gatun
Lago Gatún
Lake Gatun

Écluses de Gatun
Esclusas de Gatun
Gatun Locks

Océan Atlantique
Océano Atlántico
Atlantic Ocean

25

Dates intéressantes sur le S.S. Ancon. Sais-tu que ?

*Le S.S. Ancon avait un jumeau appelé S.S. Cristobal. Leurs noms originaux étaient le Shawmut et le Tremont.

*La Compagnie d'Acier de Maryland les a construits tous les deux navire marchands exactement identiques.

*La Compagnie de bateaux à vapeur de Boston les a achetés et les a utilisés comme navires marchands à Puget Sound et en Orient.

*Le gouvernement des États-Unis les a achetés en 1909 pour transporter du ciment pendant la période de construction des écluses du Canal.

*Les deux bateaux à vapeur ont changé de nom. Le Shawmut est devenu le Ancon et le Tremont est devenu le Cristobal.

*Le Cristobal avait fait une traversée non officielle onze jours avant le Ancon.

Datos interesantes sobre el S.S. Ancón. ¿Sabías que?

*El S.S. Ancón tuvo un gemelo llamado el S.S. Cristóbal. Sus nombres originales eran el Shawmut y el Tremont.

*La Compañía Maryland Steel construyó los dos barcos igualitos.

*La Compañía Boston Steamship los compró y los utilizó como mercantiles en el Puget Sound y el Oriente.

*El gobierno de los Estados Unidos los compró en 1909 para cargar cemento durante la fase de construcción de las esclusas del Canal.

*Cambiaron los nombres de ambos vapores. El Shawmut se cambió a Ancón y el Tremont se cambió a Cristóbal.

*El Cristóbal hizo un tránsito oficioso once días antes del Ancón.

Interesting Facts about the S.S. Ancon. Did you know?

*The S.S. Ancon had a twin called the S.S. Cristobal. Their original names were the Shawmut and the Tremont.

*The Maryland Steel Company built both of them exactly alike.

*The Boston Steamship Company bought them and used them in trade on Puget Sound and in the Orient.

*The United States government purchased them in 1909 to haul cement during the Canal Lock construction period.

*Both steamers changed their names. The Shawmut became the Ancon, and the Tremont became the Cristobal.

*The Cristobal made an unofficial transit eleven days before the Ancon.

L'illustratrice * La ilustradora * The Illustrator

L'auteure * La autora * The Author

Silvia Fernández-Risco

Silvia est mexicaine, mais depuis 2000 elle a emménagé au Panama avec son époux. Elle s'est adaptée très rapidement au pays, même si au début, les tacos et les quesadillas lui manquaient. Elle aime écrire et illustrer des livres.

Silvia es mexicana pero, desde el año 2000, radica en Panamá con su esposo. Se adaptó rápidamente a este país, aunque al principio extrañaba los tacos y las quesadillas. Le encanta escribir y diseñar libros.

Silvia is Mexican, but she moved to Panama with her husband in 2000. Though at first she missed the tacos and quesadillas, she quickly adapted to the country. She loves to write and design books.

Pat Alvarado

Pat est originaire d'Abbeville en Louisiane, où règnent les marais et les bayous ; mais c'est au Panama, paradis tropical, qu'elle vit avec son mari, leur chatte et leur chien vagabond.

Pat es oriunda de Abbeville, Luisiana, donde reinan los pantanos y los bayous; pero es en Panamá, el paraíso tropical, donde vive con su esposo, su gata y su perrito callejero.

Pat is a native of Abbeville, Louisiana, where swamps and bayous reign; but it is in Panama, the tropical paradise, where she lives with her husband, their cat and little mutt.

Si tu veux en savoir plus sur le Canal de Panama,
rends-toi sur www.pancanal.com.

Si quieres saber más sobre el Canal de Panamá,
visita www.pancanal.com.

If you want to know more about the Panama Canal,
visit www.pancanal.com.

Piggy Press Books
info@piggypress.com
www.piggypress.com